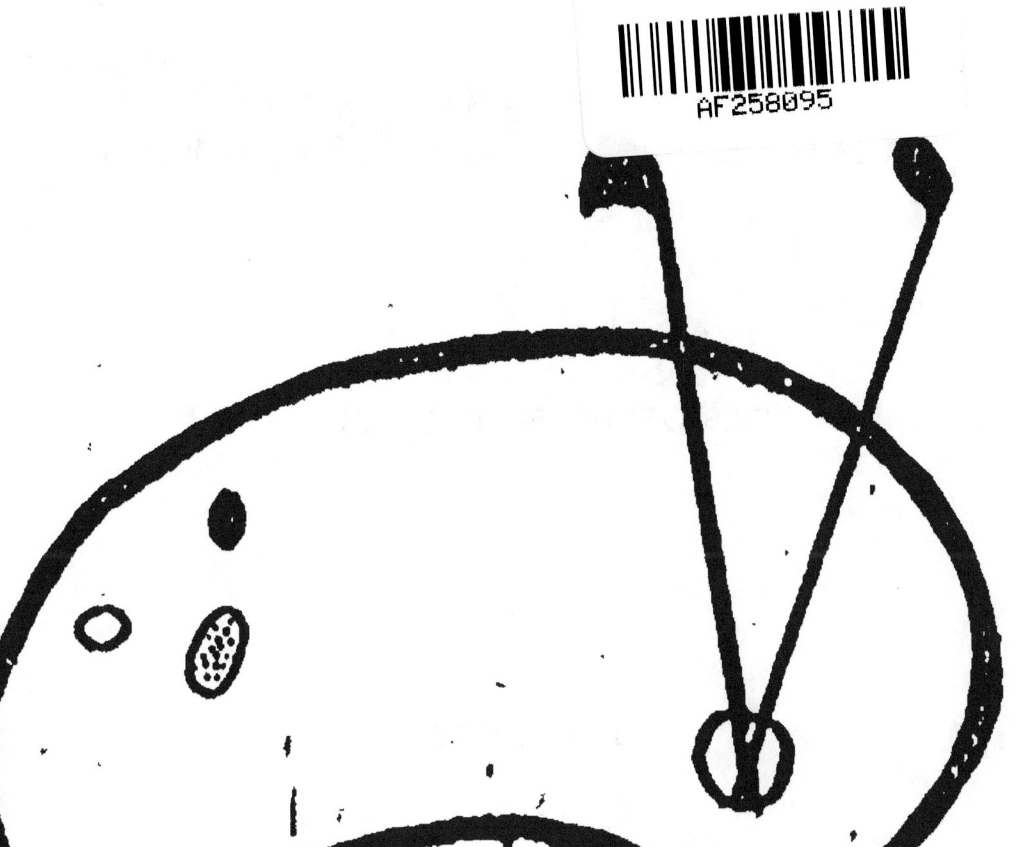

DEBUT D'UNE SERIE DE DOCUMENTS
EN COULEUR

JARGEAU ET SES ENVIRONS

AU

XVIe SIÈCLE

PAR

P.-A. LEROY

ORLÉANS

H. HERLUISON, LIBRAIRE-ÉDITEUR

17, RUE JEANNE-D'ARC, 17

1897

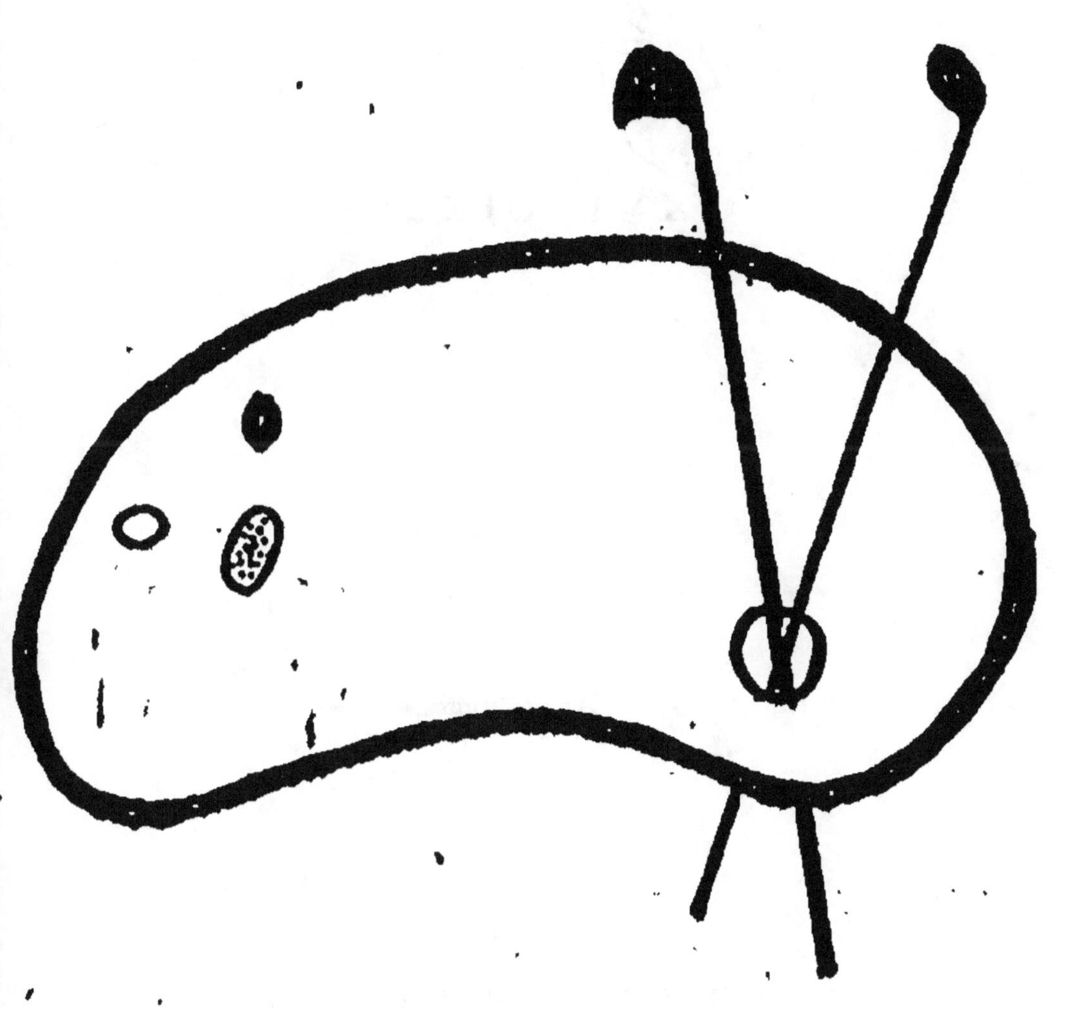

**FIN D'UNE SERIE DE DOCUMENTS
EN COULEUR**

JARGEAU ET SES ENVIRONS

AU

XVIᵉ SIÈCLE

PAR

P.-A. LEROY

ORLÉANS

H. HERLUISON, LIBRAIRE-ÉDITEUR

17, RUE JEANNE-D'ARC, 17

—

1897

Tiré à cinquante exemplaires

JARGEAU ET SES ENVIRONS

AU

XVIᵉ SIECLE

Le quinzième siècle avait été l'âge vraiment héroïque de l'histoire de Jargeau. Le siège de 1429, illustré par les exploits de Jeanne d'Arc, du duc d'Alençon, du maréchal Motier de la Fayette, de Guillaume Renaud, de la Hire et de tant d'autres gentilshommes Français, avait occupé une place importante dans l'histoire même de la France. Au cours de la seconde moitié de ce même siècle, un calme presque absolu avait succédé aux agitations de la guerre. Ce n'est pas qu'alors les annales de la châtellenie de Jargeau soient entièrement vides d'événements. Dernièrement encore je lisais dans les Mémoires d'Olivier de la Marche le récit intéressant du projet de mariage du comte de Charolais avec Anne, fille de Louis XI. « Et le Roy, raconte le chroniqueur, sceut que j'estoye « à Tours et me manda pour parler à lui à Jarguoaux. Ce que je feiz « et si les bonnes paroles dont il me donna charge pour les dire à « mon maistre de par luy eussent été vrayes nous n'aurions jamais « eu de guerre en France. »

Avec le XVIᵉ siècle se produisent des phénomènes inverses. Sa première moitié est pauvre en événements historiques. J'aurai, je crois, à peu près tout dit quand j'aurai relaté le passage de Marguerite d'Angoulême, sœur de François Iᵉʳ, qui se trouvait le 4 novembre 1548 à Jargeau et datait de cette ville un mandat de paiement en faveur de son secrétaire Pierre Moreau.

Mais dans la seconde moitié de ce siècle (1) se fait entendre le bruit des guerres civiles et religieuses.

Un épisode de la conjuration d'Amboise se rattache à l'histoire de Jargeau et de ses environs. Des Avenelles avait assuré le duc de Guise que les conjurés devaient faire partir de Roanne et descendre sur la Loire trois grands bateaux chargés d'armes et de poudre sous l'escorte et conduite d'un bon nombre d'arquebuziers. Instruit de cette révélation, François II envoya aussitôt à Orléans le sieur de la Vieilleville avec pleins pouvoirs et l'ordre de prévenir ou arrêter le passage des rebelles. Dès le lendemain de son arrivée à Orléans, de la Vieilleville en sortit avec toutes ses forces, se dirigea à l'est et dépêcha en avant deux capitaines avec chacun vingt soldats pour aller inspecter chaque rive du fleuve. Bientôt celui qui tenait le chemin de Gien lui donna avis que, dans un village près de Jargeau se trouvait une troupe importante de la faction de la Renaudie. La Vieilleville marcha droit au village et barra l'issue aux rebelles dont le nombre s'élevait à cinq cents. Vainement cent d'entre eux cherchèrent-ils à pénétrer dans l'église, ils furent chargés en pleine rue et mis en pièces. D'autres prirent la fuite par les jardins et les derrières des maisons ; cent vingt furent tués. D'autres enfin se jetèrent à la nage dans la Loire. On fit une douzaine de prisonniers. A la première alerte, les bateaux avaient été abandonnés à trois lieues en avant. Les Orléanais apprirent le résultat de l'expédition par les cadavres des soldats roulant dans les flots de la Loire. Quoique Calois, l'auteur des Mémoires de la Vieilleville, ne mentionne pas le lieu de l'action, malgré même certaines erreurs qu'il commet dans l'indication des distances, j'incline à penser que le combat aurait été livré, soit à Saint-Denis-de-l'hôtel, soit à Châteauneuf-sur-Loire, et les bateaux abandonnés au-de là de Sigloy. La Vieilleville contremanda l'entrée triomphale que lui préparaient les Orléanais. Etant arrivé à Orléans avec les bateaux capturés, il distribua les armes à ses officiers et soldats, abandonna les fauconneaux et la poudre aux catholiques d'Orléans, vendit les bateaux dont le produit fut destiné à des soldats nécessiteux et, pour la plus grande partie, à l'Hôpital d'Orléans.

Les rebelles devaient déjà avoir à Jargeau des adhérents ; car

(1) Voir aussi passage des gens de guerre Gascons (1557) ; on les dirige par Beaugency et Jargeau vers la Picardie (arch. municip. d'Orléans (c.-709).

nous savons par les registres de Genève que le protestantisme avait
de bonne heure recruté des partisans à Jargeau ; plusieurs même
s'étaient réfugiés en Suisse avant 1560 (1). Il ne se passait pas de
semaine dans les années 1560 à 1562, sans que les pasteurs Robert
Masson, dit la Fontaine, et Antoine Chanourier, dit Desmeranges, fussent appelés à prêcher dans les environs d'Orléans, notamment à
Jargeau. Lors des troubles orléanais, Jargeau servit de retraite à
Desmeranges et Delabergerie et ils ne revinrent à Orléans qu'après
la mort de François II. (M. Pataud, B. d'Orléans).

En 1561, Jargeau était un lieu important de réunion pour les Protestants que s'y rendaient des localités voisines pour entendre le
prêche. Le jour de la Pentecôte, le sieur Lustard, tixier à Châteauneuf, vint dans ce but à Jargeau. De retour chez lui il voulut ga-
gner des adhérents. Plusieurs de ses auditeurs se jetèrent sur lui,
lui coupèrent le nez et les oreilles, puis le traînèrent par les rues
jusqu'à la Loire et finirent par le noyer. Verdet, procureur du roi à
Châteauneuf, fit ses efforts pour étouffer l'affaire. Mais, dès qu'on
en eut connaissance à Orléans, Verdet et deux autres furent jugés et
condamnés par le bailli Jérôme Groslot à être pendus sur le Mar-
troi d'Orléans.

Au mois d'avril 1562, Catherine de Médicis envoya de Chémeaux
sommer Condé, Coligny et les autres seigneurs protestants de mettre bas les armes. Cette démarche ayant échoué, elle s'adressa,
pour continuer les pourparlers, à Jean de Montluc, évêque de Valence, et, par l'entremise de M. d'Acqs (François de Noailles), à Odet
de Coligny, évêque de Beauvais, cardinal de Châtillon. Ce prélat,
qui ne se gênait pas de faire prêcher dans sa maison et qui, dès 1561,
vivait publiquement avec Isabelle de Hauteville, dame de Loré, semblait désigné pour ce rôle. La douceur de son caractère et ses opi-
nions bien connues devaient donner du poids à ses paroles près de

<hr>

(1) Citons d'après la *France protestante* Nicolas Chassinat « cordonnier de
Jargeau-sur-Loire près d'Orléans, reçu habitant de Genève le 12 juillet 1519 ;
Claude Chemault, natif de Jargeau au diocèse d'Orléans reçu habitant de Genève
le 15 octobre 1551; Verène Mirallin, de Jargeau-sur-Loire femme du libraire
Noël Bardin, qui fut reçu habitant de Genève en 1555 : Verène Berche, de Jargueau lès Orléans, reçue habitant de Genève en 1558 ; Jehan Blondeau, fils de
feu Guillaume, de la paroisse de Saint-Denis les Gergeau, reçu habitant de
Genève en 1558. Symphorien Arrault, probablement originaire de Jargeau, se
maria à Genève et y eut un fils en 1554 ; on le retrouve en 1586 à Orléans et en
1593 à Jargeau.

Condé. En réponse à la demande de la Reine Mère, le cardinal de Châtillon pria Condé de permettre à l'un des Châtillon, ses frères, de venir le trouver pour « quelque propos » qu'il avait à lui tenir. D'Andelot se rendit à Jargeau. Le cardinal s'y trouva de son côté et usa de toutes les remontrances susceptibles de satisfaire au désir de la Reine. Il apprit de son frère que, la veille, l'évêque de Valence avait, dans le même but, rendu visite à Condé et que celui-ci, comme tout son entourage, manifestait des sentiments de bon vouloir. Le 7 avril 1562, le Cardinal rendit compte à Catherine de cette première entrevue par une lettre datée de Saint-Benoît sur Loire et l'assura qu'il s'emploierait activement à la négociation. — Le 15 avril, nouvelle lettre, datée de Jargeau, du Cardinal de Châtillon à la Reine Mère : « Madame, ayant reçu la lettre qu'il a pleu à Votre
« Majesté m'escrire, je l'ay incontinent envoyée à M. l'Amyral
« mon frère à ce qu'il peust mieux par icelle entendre vostre
« intention, qui l'ha communiquée à Monsieur le Prince de Condé,
« le quel l'ha, à ce matin, envoyé me trouver en ce lieu (où je
« suis venu exprez) pour y faire responce, qui est telle, que le dit
« sieur prince n'a d'autre désir ny affection que de vous obéyr et
« exécuter vos commandements et est prest de poser les armes
« aux conditions qu'il manda hyer par M. de Gonnort, lesquelles
« luy-mesmes et ceux qui ont esté jusques icy envoyez de la part du
« Roy vers le dict sieur prince ont trouvé sy raisonnables qu'ilz ont
« dict que ceulx qui les refuseroient se mettroient en leur tort, vous
« suppliant au reste très humblement, madame, vouloir croire que
« j'ay et auray toute ma vie telle dévotion à votre service et au
« bien du repos public que je ne fauldray de faire tous les bons offi-
« ces et tascher tous les moyens qu'il me sera possible pour essayer
« d'apaiser ces troubles dont il ne peut provenir que calamité à ce
« royaume, ainsi que je l'ay donné à charge à Saragosse, présent
« porteur, vous dire plus amplement, s'il plaist à Vostre Majesté
« l'ouyr, qui me gardera de vous ennuyer de plus longue lettre si
« ce n'est pour supplier l'Infinie Bonté vous conserver, Madame, en
« parfaicte santé et prospérité, présentant mes plus que très humbles
« recommandations à Vostre Bonne Grâce et Majesté. De Jargueau,
« ce XVe avril 1562. Votre très humble serviteur. Signé : le Cardi-
« nal de Châtillon ». Catherine insista encore près du Cardinal et lui dépêcha le protonotaire de Saragosse afin d'obtenir une nouvelle entrevue entre les deux Châtillon. Le cardinal envoya au prince de

Condé la lettre de Catherine et le pria lui-même de permettre à l'un de ses frères de se rendre à Jargeau pour la reprise des négociations. Mais le Prince vint au château de l'Ile déclarer qu'il exigeait la « pleine entière liberté » du Roi et de la Reine et que, cela accordé, il ferait voir clairement qu'il ne poursuivait pas d'autre but. Le Cardinal, qui s'était avancé jusqu'à ce lieu, ne put en tirer autre chose et fit part de ce résultat négatif à la Reine Mère par une lettre du 21 avril 1562.

A la fin du mois, les soldats de Condé se trouvaient à Jargeau ; après les pillages de Cléry et d'Orléans eut lieu le premier pillage de Jargeau (de l'église de). Je ne crois pas devoir insister sur ce triste événement qui a été raconté par MM. Duchâteau et de Monvel. Les vases sacrés, les magnifiques reliquaires, le Chef de saint Vrain (1), une antique bannière, etc., tout fut saccagé, brisé, brûlé, détruit, jusqu'aux livres et papiers du Châpitre, jusqu'au banc et à la chaire de l'église.

Il n'est pas surprenant que, dans de telles conditions, le revenu de la Chatellenie ait été déprécié (2).

Après la bataille de Dreux où Condé fut pris, l'Amiral de Coligny, devenu généralissime, rallia les troupes protestantes. Tandis que les réfugiés des villes voisines venaient renforcer la garnison d'Orléans, l'amiral et ses reitres occupaient, au mois de janvier, Jargeau ; on racoutrait le pont pour leur livrer passage (3).

Pendant ce temps, le duc de Guise était au camp de Messas, à

(1) Certains de ces objets précieux sortaient de la maison de Pierre Bricet, orfèvre (arch. dép. du Loiret. Comptes Fabr, 1537). — V. sur ce mobilier de l'église, l'inventaire des reliquaires et autres joyaux d'argent trouvés en l'église de Jargeau, fait par le notaire Argis: meubles exhibés « à Noël Couppé, cappitaine de la compagnie estant de présent en garnison au d. Jargeau à la requeste poursuite et diligence duquel à esté le dit inventaire fait le jeudy dernier jour d'avril l'an mil cinq cens soixante et deux ». Au bas de la copie est écrit : « Les images de la d. église furent le d. jour abbattues par les soldats estant lors en garnison au d. Jargeau sous le d. capitaine Couppé, suivant la charge qu'il avait de Monseigneur le Prince de Condé » (arch. dép. Loiret, série G).

(2) « De laquelle ferme n'en a esté reçu pendant le d. année que la d. somme de 413 livres tournois (au lieu de 700) au moyen des guerres ». (Compte d'A. Thénasie, receveur épiscopal 1561-1562).

(3) Le Pont fut beaucoup endommagé au XVI· siècle et il ne semble pas que les inondations aient été la principale cause de ces dommages. M. Vandeberg (manuscrit de la Bibliothèque d'Orléans) a reproduit un tableau de 1595 « contenant l'imposition que le Roi a ordonné être mis sur les vins bestail et autres

égale portée d'Orléans et de Chartres. Le duc, malgré l'éloignement relatif, surveillait attentivement les agissements de l'ennemi. Il lui semblait possible qu'en se ménageant un passage à Jargeau, les Huguenots voulussent se réserver une retraite en cas de besoin Les secours qu'ils attendaient de France et de l'étranger pouvaient aussi, par là, leur arriver plus facilement et la perspective de cette jonction n'était peut-être pas étrangère à l'opération. Enfin, dernière hypothèse qui paraissait peu probable au duc, peut-être l'Amiral avait-il l'intention de reprendre l'offensive et de se tourner du côté de Chartres, pour y inquiéter ou même enlever la cour. Pour parer à toute éventualité, le Chef de l'armée catholique se décida à envoyer, le 18 janvier 1563, à Chartres, M. de Cypierre et une troupe suffisante pour garder la cour, en attendant, si le mouvement des protestants s'accentuait nettement, d'y diriger ses forces entières. Le temps d'ailleurs était épouvantable ; partout de l'eau et de la boue qui paralysaient les mouvements des troupes. Avec cela, si les soldats catholiques étaient pauvres et mal vêtus, les reîtres mal payés n'étaient pas contents. Catherine, cependant, vivait dans une assez grande inquiétude. Le 19 janvier, elle mandait à l'intendant des finances Gonnor, par un billet de sa main, qu'il fallait 30.000 écus dans quatre jours pour envoyer en Allemagne comme prix de la levée de 4.000 pistoliers et 4.000 lansquenets « car, ajoutait-elle, « nous avons entendu que la reine d'Angleterre en fait autant et « ceux d'Orléans aussi ; et vous scavez ce que m'en avez toujours « dit que, en faisant ainsi, on leur rompera la leur, et il ne faut y « perdre de temps. Au reste, l'Amiral et Reistres ont [passé l'eau à « Jargeau ; s'il nous venait assiéger, venez nous secourir ». Une lettre de Perrenot de Chantonney, ambassadeur d'Espagne, nous édifie aussi sur les impressions que produisirent à Chartres les nouvelles reçues de Jargeau «... s'est découvert, écrit-il, que les « Rebelles s'étaient approchez de Gargeau sur la rivière de Loyre « au-dessus d'Orléans, et avaient aulcungs passé l'eau cette part, pour « voir si à la diligence ilz pourraient venir recouvrer le Prince de « Condé et se gecter devant Chartres. Je croy bien que tout ceci « est plus pour la reputation de l'Amiral, afin qu'il semble qu'il

marchandises passant dessoubz et dessus les ponts de Jargueau. . pour estre les deniers du dict emprunt employés à la réfection des quatre arches qui ont esté desmolies pendant les troubles... ».

« faict quelque chose et qu'il a soing de la liberté du Prince ...
« Quand la Royne sceust le passaige de l'Admiral à Gargeau l'on
« dict qu'elle eust bien voulu entrer en ceste ville... ». Sous l'empire
de la crainte qu'elle dissimulait sans doute à l'ambassadeur et
pour être mieux protégée par l'armée de Guise, Catherine prenait
le parti, au lieu d'attirer cette armée à Chartres, de se retirer à
Blois. Bientôt elle apprenait avec satisfaction que les ennemis
étaient fort empêchés, « réduits en tout ce qu'ils peuvent à la forti-
« fication de leur ville et à chercher argent de tous costez pour con-
« tenter leurs Allemands qu'ils ont séparez parmi de petits villa-
« ges, tirans de Jargeau à Boiscommun et Lorris » (1).

Cependant le duc de Guise s'emparait de toutes les communes
voisines d'Orléans « pour donner au moins des espérances aux villes
« de Jargeau et de Sully dont les habitants jetaient les hauts cris
« contre la cruauté des protestants » (2). Le 18 février, il tombait
« frappé par la balle de Poltrot de Méré.

A la fin de 1567, éclata une nouvelle guerre civile qui produisit
de nouvelles dévastations. En 1567 et 1568, les Protestants ruinè-
rent et abattirent la plupart des églises d'Orléans et de ses environs
à 7 ou 8 lieues à l'entour. Naturellement ils ne devaient pas ménager l'église de Jargeau. Cette fois ils résolurent d'anéantir ce monu-
ment vénérable. Pour y parvenir, ils en minèrent les colonnes,
apportèrent une grande quantité de bois et y mirent le feu. L'édifice s'écroula avec fracas au milieu d'un nuage de poussière et de
fumée. Il ne resta debout que le mur intérieur autour du chœur,
quelques piliers antiques de la nef et le clocher (2).

La paix de Longjumeau mit fin à cette seconde guerre et Jargeau en profita particulièrement. Pendant quelques années, nous
n'avons plus qu'à relater de menus faits : 1º en décembre 1568,
arrivée des bagages de M. de Villepion « ordonné par la Majesté du
« Roy pour la garde de la ville et ponts du de Jargeau » ; 2º en
1569, le passage de soldats blessés revenant du siège de Sancerre.

(1) V. les lettres de Catherine de Médicis, dans les *Documents inédits de
l'histoire de France.*

(2) Je serais porté à croire que ce fut alors que les Protestants démolirent
une petite chapelle située sur le premier pilier du pont du côté de la ville et
dont la reconstruction leur fut imposée comme condition de l'édification d'un
temple en 1606 (V. arch. dép. du Loiret — 14 octobre 1606, adjudication de la
construction d'un temple à Jargeau.),

Depuis longtemps, les membres du Chapitre n'avaient pas osé « à « raison de la calamité du temps et dangers qui sont sur les champs » se transporter à Pierrefitte pour y recevoir leursredevances.

En 1569, l'un d'eux, Jehan Noël signala à ses confrères que leur bailli de Pierrefitte, Mᵉ François Margat, s'était fait protestant. Certains proposérent de ne pas procéder à son remplacement immédiat mais de surseoir « jusqu'ad ce que les dangers fussent cessez « et qu'ils ne pourraient aller au d. lieu sans péril de leur vye ». Malgré ces observations, et quoiqu'ils assurassent que le bailli faisait profession de la religion catholique, la majorité du Chapitre ne se rangea pas à leur avis et on élut, à la place de Margot, jusqu'à plus ample informé, Mᵉ Loys Hullin, licencié en lois, avocat au présidial d'Orléans (1).

L'insécurité qui affligeait les campagnes malgré la paix de Longjumeau se manifesta encore, à plusieurs reprises, dans ce même temps 1569-1570. L'explication en est facile, si on ne perd pas de vue qu'en ces années la guerre s'était rallumée dans le Sud-Ouest et que, par les marches de Reitres à travers la France, par les habiles manœuvres de Condé, elle se fit ressentir sur la Loire à l'ouest du côté de Saumur et à l'Est du côté de la Charité. Au mois de janvier 1570 (n. s.) Félix Paingault, messager ordinaire d'Orléans, entreprenait un voyage à pied de cette ville aux paroisses de Saint-Denisen-Val, Sandillon, Darvoy, Jargeau, Ouvrouer-les-Champs et Tigy' « pour s'enquérir scavoir entendre s'il survenait aulcuns gens de « guerre qui pourraient prendre leur route par ceste ville d'Or- « léans et és environs afin de par les eschevins de la d. ville y mettre « ordre et les faire détourner et passer le plus loing de la d. ville « pour éviter à la foulle du d. plat pays des environs... » (2).

Fort heureusement ces craintes ne furent pas suivies d'effet et les habitants de notre région purent sérieusement se préoccuper de relever les ruines causées par les deux premières guerres civiles. Au mois de février 1569 les habitants de Bou se rassemblaient pour aviser aux moyens de faire recouvrir leur église de Saint-Georges qui avait cruellement souffert et dont les voûtes et murailles seules étaient debout, mais menaçaient de tomber. Dans la même année, on commençait à reconstruire la nef de Jargeau et en 1571 le Cha-

(1) Reg. Poignard not. à Jargeau.
(2) Arch. municip. d'Orléans.

pitre obtenait du roi Charles IX l'autorisation d'aliéner des biens en vue d'en employer le prix à cette reconstruction.

Jargeau et ses environs continuèrent néanmoins d'être un centre pour les Protestants qui y accouraient même d'assez loin pour prendre part aux cérémonies de leur culte. Le journal de Pierre Pothier, prieur de Saint-Euverte, relate à cette occasion un déplorable accident qui se produisit sur la Loire en 1572 : « Le 23 ou 24 « mars dimanche de la Passion, les hérétiques firent le presche à « la Quesvre. Revenant du d. presche estant sur l'eau de la rivière « de Loire entre Chessi et Combleux au lieu de la Salle est avenue « punition divine, leur bateau est submergé et mourut dix à onze « personnes ».

La Saint-Barthélemy se fit vivement·sentir à Jargeau. On en trouve le récit dans l'*Histoire des Martyrs*, par Crespin, sous le titre de persécution des fidèles de l'église d'Orléans : « Les papistes de Jargueau « se ruèrent de furie sur un bonhomme de la Religion, âgé de plus « de 80 ans, nommé Fremin Sigongneau (1) et sur un autre presque « de pareil âge, nommé Jean Chemault et sur un pauvre tisserand « en toilles, nommé Morin, qu'ils prindrent sur le pont et le jettèrent « dans la rivière de Loire. Item ils blessèrent tellement la femme « de Jehan Merlin qu'elle mourut. Puis allèrent en un village « nommé la Queuvre où se faisait l'exercice de la Religion. Un povre « vigneron, seul de la dite religion en tout son village, s'était retiré « là, et voyant venir les meurtriers, cuida de se sauver en la ga- « renne, mais ils coururent après et le tuèrent à coup d'harquebuzes « faisans de mesme ès environs et en plusieurs maisons de gen- « tilshommes ». Dès le lundi 25 août 1572, de vagues rumeurs des « massacres de Paris parvinrent à Bourges. Les principaux catho- liques de cette ville firent partir en poste le capitaine Morin qui com- mandait la grosse tour. Il n'eut pas besoin, pour se renseigner, d'aller à Paris et revint le jour même à Bourges, annonçant « l'as- sassinat de l'amiral et de ses coreligionnaires, puis les tueries de Meaux, de Senlis, de Troyes, de Jargeau et d'autres villes encore » (2).

En 1573, la destruction des fruits par la gelée amena la misère, la famine et la mortalité. Une multitude de gens, venus de Gien,

____

(1) De son vrai nom Firmin Sigongneau ; il était marchand.
(2) V. Raynal, *histoire du Berry*.

Jargeau et autres contrées d'ordinaire si fertiles, se jetèrent sur le pays Provinois « les ungs pour achepter grain et pain, et les autres « pour trouver à besongner, sans demander aultre sallaire que leur « vie de pain et de potage ». (Mémoires de Cl. Haton).

En 1578, un nouveau chœur, plus restreint, s'éleva à la place de l'ancien. Les fenêtres de l'abside furent ornées de vitraux. Celle du milieu représentait le Christ en croix, assisté de la Sainte Vierge et de saint Jean ; c'était un don de Pierre Gaucher, ancien marguillier et aïeul du père Chesneau. Une autre fenêtre contenait avec la Croix les images de sainte Hélène et de saint Vrain et, dans le bas, le portrait de M. Etienne Chevé, doyen, qui avait voulu, par cette peinture, faire revivre le titre de l'ancienne église. Dans la troisième fenêtre, on voyait les images de la Sainte-Vierge, de saint Jean-Baptiste et de saint Etienne et, dans le bas, était figuré, entre ses parents, un enfant blessé par l'imprudence d'un conducteur de voiture ; celui-ci avait été condamné à des dommages-intérêts, mais Jean Lamoureux, le père de l'enfant, n'en avait pas voulu profiter et les avait appliqués à cette œuvre.

Dans les années 1585 et 1586, une redoutable contagion sévit à Orléans et dans ses alentours. Jargeau n'en fut pas exempt. C'est, selon nous, à elle plus qu'aux guerres elles mêmes qu'il faut attribuer la dépopulation qui fit baisser des deux tiers le nombre des habitants de notre région. On établit dans les faubourgs un sanitas pour soigner les malades.

L'an 1587 fut marqué de divers incidents militaires : la marche des Reitres à peu distance de Jargeau, dans le Gâtinais et la Beauce, et, au mois d'octobre le passage du roi Henri III venant de Sully à Jargeau et se dirigeant sur Meung (1). Le Chapitre de Saint-Vrain

(1) V. la copie de la lettre envoyée par un Gentilhomme de l'armée du Roy à un sien amy, contenant au vray tout ce qui s'est passé depuis le partement de sa Majesté de la ville de Paris jusqu'à la desroute des Reitres. Cette pièce a été publiée par M. G. Baguenault de Puchesse dans les Mémoires de la Société archéologique. — Ne serait-ce pas à Jargeau aussi qu'aurait paru « le Mani-« feste des Dames de la Court, soit manifeste à tous que les dames de la Court « n'ont pas moins de repentance de leurs péchés par leurs lamentations qui « ensuivent que les hommes n'en ont par leurs misères » ? (V Journal de l'Estoile, 187), V. aussi l'introduction aux Mémoires de la Hugueyrie qui rend compte des mouvements effectués par les Mercenaires allemands. L'armée « de secours » alla au hasard, sans but, jonchant la route de ses cadavres et plus victime de ses excès que des attaques de l'ennemi. Après la convention de

on profita pour se faire confirmer dans les privilèges d'exemption et de sauvegarde (1).

A l'occasion des Etats généraux de Blois en 1588, le clergé de la Châtellenie de Jargeau eut à présenter ses doléances qui furent portées à l'assemblée provinciale du Clergé d'Orléans. Elles dépeignent le triste état dans lequel les troubles religieux, les marches des armées, les inondations de la Loire et autres fléaux avaient mis la ville et les campagnes environnantes. Le Chapitre de St-Vrain, à bout de ressources et dont certaines maisons canoniales avaient été brûlées, abattues, démolies ou vendues, sollicita la réduction du nombre des prébendes à douze et des taxes plus modérées. Les curés se déclaraient les plus pauvres bénéficiers de France. Et comment pouvait vivre tel curé de la Châtellenie quand il devait payer annuellement 72 livres tournois pour les décimes et avait un revenu ne dépassant pas 100 livres ? Plus que leurs confrères, les curés de la Châtellenie de Jargeau avaient été « exposés à l'injure et « oppression des gens de guerre lesquels incontinent qu'ils sont arrivés en une paroisse la première chose qu'ils demandent est la « maison des curés, leur ravissent et emportent leurs vivres, habits, « livres et tout ce qui peuvent trouver... Et quand ils se veulent « plaindre aux Seigneurs, demandant diminution des décimes ou « une nouvelle taxe et qu'ils n'ont moyen de vivre, ne sont escou-« tés... » Non moins intéressants sont les vœux des curés de la châtellenie de Jargeau. J'en indiquerai les principaux. Les pétitionnaires demandent « qu'à l'avenir les archevêques, évêques, abbés

Batilly, les reîtres voltigèrent autour d'Aubigny et de Sully ; mais, serrés de près par l'armée royale. « A la tête de l'armée rassemblée sous les murs de « Gien, lisons-nous dans le manuscrit Palaud, Henry marche sur le Berry après « s'être assuré de tous les gués de la Loire depuis la Charité jusqu'à Jargeau. « Le duc de Nevers, chargé de la défense des levées de la Loire, ménagea des « retranchements aux arquebuziers destinés à gêner le passage des reîtres. »

(1) Lettres royaux, datées du camp de Jargeau le 5 octobre 1587, confirmatives des lettres données à Avignon le 23 décembre 1574, portant défense aux capitaines et gouverneur de Jargeau « pour l'advenir de ne loger ni souffrir « loger aucun de nos gens de guerre ès maisons des d. doyen et chanoines » et obligation de vider ces maisons sans délai, ainsi que défense d'en emporter quoi que ce soit tel que fourrage, blé, vin, poulailles, etc. « Le roi donne permission aux chanoines de mettre et apposer les armoiries et panonceaux royaux au plus haut et éminent endroit de leurs maisons, en signe et mémoire de sauvegarde, et sous peine pour les contrevenants d'encourir l'indignation royale (V. arch. dép. Loiret, fonds de Jargeau).

« et prieurs soient faits et institués par ellection ». On ne saurait douter qu'en souscrivant à ce vœu ils n'aient eu à la pensée les exemples peu édifiants du cardinal de Châtillon et de l'évêque de Troyes. Ils réclament, avec non moins d'énergie, l'indépendance de la juridiction ecclésiastique, l'exclusion des hérétiques de tout bénéfice, la réédification des églises aux frais des hérétiques qui les avaient fait abattre et abattues ou de leurs héritiers. Ils se prononcent contre la vénalité des offices et états de judicature et pour l'exclusion des non-catholiques de ces charges, appellent l'attention du législateur sur l'observation des dimanches et fêtes, le blasphème, l'usure et une procédure sommaire pour les causes au-dessous de 60 sols tournois (1).

Le 10 mars 1589, sous le nom d'union des catholiques ligueurs orléanais, eut lieu à Orléans l'assemblée des maire, échevins et députés de l'église et du clergé, des 24 conseillers de la commune d'Orléans et députés pour demander au pape Sixte V l'excommunication d'Henri IV et de ses adhérents. Jargeau fut représenté à cette assemblée. La Ligue, puissante à Orléans, ne l'était pas moins à Jargeau, mais, au mois de juin suivant, l'armée royale s'en empara après un siège et un assaut dont les chroniqueurs nous ont transmis les particularités. Sully, absorbé par un deuil de famille, n'y prit aucune part (2). Henri de Navarre y courut de sérieux dangers. Un gentilhomme d'Auvergne, le sieur de Chappes, y fut grièvement blessé (3). Un autre gentilhomme, accompli de corps et d'esprit, commandant du régiment de Picardie, le Houllier (4), y fut tué d'un coup d'arquebuze à la tête ; sa perte toucha le Roi. Après la prise de la ville, le gouverneur de Jalanges fut pendu, les soldats victorieux exercèrent quelque pillage. La ville fut taxée à 15,000 écus ; On fit un rôle de tous les habitants qui ne pouvaient payer. Henri III fit chanter un *Te Deum* dans l'église et resta huit jours à Jargeau. Pendant ce temps, il réduisit à son obéissance les environs. Le château du Bruel avait alors pour capitaine un gen-

(1) Manuscrit de la Bibliothèque d'Orléans.
(2) V. Mémoires de Sully, livre III.
(3) V. *France protestante* qui cite une lettre de Duplessis-Mornay.
(4) Le Houllier n'était autre que Philippe-Antoine de Lupiac, dont le frère, sire de Montcassin, fut lieutenant-général de Metz et conseiller d'État (V. *Pièces fugitives* de l'histoire de France, d'après la généalogie de la maison de Caumont-Lupiac-Montlezun-Montcassin).

tilhomme catholique estropié, Louis de Villers qui tenait cette place
depuis plusieurs années, s'était emparé des châteaux du Gué-
Gaillard et de la Grillière, avait résisté à des troupes nombreuses et
avait même poussé ses entreprises audacieuses jusqu'aux portes
d'Orléans. Le roi le fit sommer de se rendre. Le capitaine ne céda
qu'à la vue du canon de l'armée royale et obtint la faveur de se
retirer à Orléans avec armes et bagages (1).

Il est probable que le siège de 1589 causa des dégâts à l'église de
Jargeau et à celle de Saint-Denis-de-l'Hôtel. « En tous cas ce dernier
édifice, quelques années plus tard, était en pitoyable état et « ruyné
de fond en comble ». Les habitants de Saint-Denis obtinrent d'Henri
IV la concession du droit de Courte-pinte dans leur paroisse pour la
réédification de leur église. Ceux de Jargeau prétendirent que le roi
n'avait pu accorder un droit dont ils jouissaient pour l'entretien des
ponts et chemins. Le bailli fut de cet avis, mais finalement un arrêt
de la Cour des Aides du 19 août 1599, se fondant sur la cause nouvelle donna raison aux habitants de Saint-Denis.

Le Roi confia la garde de la ville et du pont à Dufaur de Pibrac (2).
Celui-ci fit réparer et augmenter les fortifications de Jargeau, mais
l'Estoile nous apprend qu'elles furent bientôt maltraitées par la
Loire : « juillet 1591. La rivière de Loire desborda aussi, et comme

---

(1) Natif d'Hieul en Picardie, Louis de Villers, sieur de la Gauchère, Couant
et Houzon, qui servait depuis l'âge de 14 ans, et qui avait pris part aux sièges
de la Rochelle et de Fontenay. Le Maréchal de la Châtre l'avait nommé gouverneur de son fils avant de lui confier la capitainerie du Bruel. Après les événements que nous venons de raconter, Louis de Villers devint capitaine des
gardes du fils du maréchal. Il prit femme en Sologne et épousa Anne de Bou-
queret de laquelle il eut dix-huit enfants (V. Dom Morin, *Histoire du Gâtinais*,
l. III, p. 574 et suiv.).

(2) *La France protestante* lui consacre la notice suivante :
« Jean du Faur, seigneur de Courcelles le Roi, Orléanais, fut pourvu,
en 1572 de la charge ordinaire de gentilhomme ordinaire de la Chambre du
Roi. On peut supposer qu'il professait alors, au moins en apparence, le ca-
tholicisme, mais, plus tard, il rejeta toute feinte et se rangea ouvertement du
côté des protestants. Dès 1588, il accompagna le Roi de Navarre à l'Assemblée
politique de la Rochelle et il continua de rendre des services en récompense
desquels ce prince lui donna une compagnie de cinquantes hommes d'armes,
le créa maréchal de camp et lui confia, en 1597 (1), le gouvernement de Jargeau auquel il joignit la maîtrise particulière des eaux et forêts du bailliage
d'Orléans... Marié à Catherine Ménager, dame de Mareau près de Gien ».

« elle est impétueuse, ravagea tout ce qu'elle rencontra, en forme de
« torrent. Entre autres ravages, elle emporta et mit bas les belles
« fortifications de M. Dufaur, à Gergeo, que le dit sieur, Gouver-
« neur de la ville, avait comme immortalizées par une magnifique
« inscription qu'il avait mise à la porte de la ville, faisant Dieu
« aucteur d'icelles. Sur lequel subject M. Rappin, s'étant voulu esbat-
« tre, composa des vers par lesquels il est dit qu'il est à croire que
« si Dieu en eust été l'auteur elles eussent été de plus longue durée. »

Tandis que Du Faur prenait possession de Jargeau, les membres
du Chapitre de Saint-Vrain se condamnaient à l'exil. Les chanoines Martin Loyson, Pierre Lemonnyer, Pierre Merlin et le doyen
Etienne Chevé se réfugiérent à Orléans. Les Archives départemen-
tales nous les montrent pendant plus de seize mois vivant dans
cette ville, se réunissant d'abord dans la demeure du doyen au
cloître Saint-Aignan, plus tard dans la chapelle Saint-Euspice de
l'église de Saint-Aignan qui avait été mise à leur disposition, et pour-
voyant aux vacances des titres de chapelains de Jargeau. Les réfugiés
déclarent qu'il leur est « impossible de pouvoir aller ne se rendre en
« la d. ville de Jargeau » parce qu'elle est occupée par les ennemys
« de la Sainte Union et Religion Chrestienne apostolique et romai-
« ne » et que les autres chanoines sont « espars et divisés en plusieurs lieux dépendant de la Ligue » (1).

La garnison protestante constituait une gêne continuelle pour la
population de la ville et des environs qui, à part la noblesse, était én
grande majorité catholique. Cette garnison incendia même le prieuré
de Pont-aux-Moines, avec quelques fermes et quelques maisons voisines (2). Elle emporta aussi, pour son chauffage, le bois de la
forêt (3). Enfin, si la solde de la garnison était à la charge du roi,
Du Faur, pour le paiement soit de cette solde soit des fortifications,
fit des avances considérables supérieures à dix mille écus. Une taxe
perçue sur le sel qui passait sous les ponts de Jargeau devait amor-
tir la dette. Mais, à la suite de réclamations, elle fut abolie et finalement rétablie sur le sel passant à Orléans au profit de cette ville,
mais à charge de rembourser à Du Faur le reliquat de ce qui lui
était dû par le roi (4).

(1) Arch. dep. Loiret, fonds non classé de Jargeau.
(2) V. l'appendice.
(3) V. Bibl. nat. manuscrit français, 10841, f° 66.
(4) 4 janvier 1593 arrêt du Conseil d'Etat interdisant la perception d'une taxe

Après l'insuccès auquel aboutirent les nouvelles tentatives de la Ligue en 1589-1590 à Jargeau, les habitants obtinrent à plusieurs reprises de la faveur royale des adoucissements sérieux : 1° remise du reliquat de la rançon de 15.000 écus (Décret de Montereau-fault Yonne du 4 mai 1590) 2° remise pour les six années prochaines consécutives des tailles et impôts ordinaires ou extraordinaires « excepté le Taillon et l'islde du prévot des maréchaux ses lieutenant et archers ». (Arrêt du Conseil d'État pour les finances du 5 juillet 1594. Bibliothèque nationale, manuscrit français 18159 f. 223).

Du Faur, qui était tout puissant à Jargeau, ne se souciait pas trop de voir près de lui et au dessus de lui à Orléans un gouverneur protestant. Aussi tenait-il la Châtre au courant de tous les projets qui pouvaient amener la soumission d'Orléans. Cette soumission ne s'en opéra pas moins, mais elle ne lui causa sans doute pas trop de chagrin, puisque l'édit de réduction confia à La Châtre l'inspection de la garnison de Jargeau en tout ce qui ne contrariait pas les anciens droits de l'évêque d'Orléans comme seigneur de la ville.

Déjà cependant nous voyons poindre les premiers symptômes d'une lutte qui se prolongera avec vigueur au xviie siècle. Poussés peut-être par les chanoines naguère réfugiés et par les chefs de la population de Jargeau et notamment les Gaucher et les Dumondé, les habitants d'Orléans cherchent à arracher la petite ville à la domination protestante et, ne pouvant extirper cette domina-

sur le sel levée pour subvenir aux dépenses des fortifications de Jargeau jusqu'après audition de ceux qui lèvent la taxe (Bibl. nat. fonds Clairambault, n° 654, p. 220). — 24 avril 1594, arrêt du Conseil d'État, abolissant cet impôt — 17 mars 1597, lettres d'octroi à la ville d'Orléans d'un impôt de 4 écus par muid de sel passant sous le pont d'Orléans à la charge de rembourser à du Faur le reliquat des avances par lui faites (arch. municipales d'Orléans et maunuscrit 18160 f° 82 de la Bibl. nationale). — 7 août 1597, arrêt de la Cour des aides sur la liquidation du compte entre la ville d'Orléans et du Faur (arch. municipales d'Orléans).

— Si j'ai bien interprété les textes qui me sont passés sous les yeux, il ne faut pas confondre ces droits perçus sur les sels passant sous les ponts avec le droit de dix deniers tournois par minot de sel vendu et distribué dans les greniers à sel d'Orléans, Pithiviers, Neuville, Sully et Romorantin. Ce dernier droit, qui fut confirmé par lettres royaux du 27 mai 1593 pour six ans et qui fut renouvelé au XVIIe siècle, était destiné à subvenir aux réparations du pont de Jargeau. C'était un droit exigé sur le sel à sa sortie du grenier et non sur le sel en cours de route.

tion, ils provoquent au moins des mesures contre l'exercice du culte. Le 20 avril 1591, leurs députés présentent au Conseil du roi une requête tendante « à ce que suivant la déclaration du Roy qu'il n'y aurait point de presche à cinq lieues d'Orléans, Gergeo, qui n'en était qu'à quatre lieues, y fust compris ». Sans contester directement le principe posé par l'édit de réduction d'Orléans et sa force à l'encontre même des édits généraux, le Chancelier invoqua les précédents, fit valoir le peu de différence entre la distance promise et l'éloignement réel, le Conseil rejeta la requête. Ce fut probablement pour affirmer leurs droits, que les Protestants, le 6 octobre suivant, tinrent leur synode provincial à Jargeau. Y prirent part Messieurs Boucher, ministre (1), Etienne Maupin et Isaïe Fleury, anciens de l'église de Jargeau, Vian, ministre, et de Coulmiers ancien de l'Eglise de Dangeau, Berger ministre de Châteaudun, de Villeneuve et Dallibert, députés du colloque de Dunois, Dorival, ministre de Sancerre, Mesler, ministre de Châtillon-sur-Loing, Des Oliviers ministre de Châtillon-sur-Loire, Pierre Rougemont, ancien de Marchenoir, Jaupistre, ancien d'Aubigny et Pierre Durand, ancien de l'Eglise de Gien. Sous la présidence du ministre Boucher qui eut adjoint Dorival et Durand pour secrétaire, le synode traita des différends des églises et nomma des députés pour la prochaine assemblée de Saumur.

De temps immémorial, les dessous du chœur de l'église de Jargeau avaient servi d'ossuaire aux personnages à qui, soit un droit de chapelle, soit le bon plaisir du Chapitre accordait cette faveur ; peut-être même y avait-on déposé au xvᵉ siècle les corps de guerriers anglais et de guerriers français, tels que le seigneur d'Angleterre qui au mois de mai 1429 avait été tué à la porte Regnard à Orléans et que les Anglais avaient enterré à Jargeau ou ce comte de Lude qui avait péri à Jargeau d'un coup de vouglaire. Cet anti-

___

(1) Michel Boucher, ex-curé catholique, se fit protestant entre 1560 et 1568, devint ministre protestant, habita Genève en 1573, fut pasteur de Chilleurs en 1582.

Textor ministre à Jargeau et Boucher ministre à la Queuvre recevaient chacun deux cents écus « sur la despence que le Roy veult et entend estre faite en l'armée 1592 par Mᵉ Salomon Breton à ce commis par Sa Majesté aux Eglises réformées ». (Documents inédits de l'Histoire de France). En 1591, comme on le voit dans le texte, il était ministre à Jargeau. En 1606, il fut pourvu d'un auxiliaire. Il mourut, croit-on, vers 1617.

que usage persista au XVIe siècle dans les mêmes conditions exceptionnelles. Le règlement pour la sonnerie, du 7 juillet 1587, interdit même expressément au sonneur de faire ouverture de terre sans permission dans l'église et les héritiers du défunt qu'on permettait d'y inhumer devaient payer à la Fabrique 60 sols tournois (1). C'était donc toujours au cimetière qu'avait lieu l'inhumation pour le commun ; on l'entretenait et réparait à l'aide de quêtes. Les protestants avaient-ils un cimetière séparé et en cas d'affirmative où était il ? Je l'ignore. Toujours est-il que, le 20 juin 1598, Jean-Henry Offetain, étudiant allemand de l'Université d'Orléans mourut dans cette ville; les échevins ne souffrirent pas qu'il y fut enterré. Les circonstances ne laissèrent pas au procureur de la nation le loisir de soumettre le différend à l'official. Sur les instances du maître d'hôtel et dans la crainte d'une commotion populaire, le corps d'Offetain fut enlevé secrètement, plus de deux cents personnes l'accompagnèrent, et il fut transféré, à Jargeau, lieu de tolérance, pour y être inhumé.

PERSONNAGES IMPORTANTS

Jacques Barthomier, doyen de Jargeau et chanoine d'Evreux était fils de Pierre Barthomier, auditeur des comptes, seigneur d'Olivet et d'Antoinette de Gaunay. Il eut pour frères et sœurs Jean Barthomier notaire et secrétaire du roi, Jeanne Barthomier, épouse de Nicole de la Primaudoy, notaire et secrétaire du Roi, Perrette Barthomier, épouse de Jacques de Montdoré, notaire et secrétaire du Roi. Le 1er février 1525, il fit marché avec Pierre Prislé, tombier à Paris, « pour la fondation d'une tombe en pierre de liais de 9 p. sur 4 et demi, à deux personnages, homme et femme, avecques, pareille au meilleur ouvrage estant à la tombe de feu M. Bouchart qui est à Sainct Benoist, autour l'inscription et les armes, à placer dans la chapelle Notre-Dame de l'église Saint-Benoit, sur la sépulture de ses père et mère.

(1) D'après ce règlement, le sonneur ne pouvait sonner les grosses cloches aux mariages « pour simples gens ains pour gens honnestes et d'estat ».

Je réserve pour le XVIIe siècle la biographie de Jean Gagnières, né à Jargeau en septembre 1597.

Quant à Michel Adam, renommé architecte du XVIe siècle, mes recherches, jusqu'à ce jour, ne m'ont amené à aucune donnée nouvelle sur ses œuvres, sa vie, même sa famille. J'ai trouvé le nom d'Adam, au XVe et au XVIe siècle, porté par une famille d'obscurs vignerons. Je présume que Michel Adam se rattache à cette famille.

Nous voyons, par la remontrance des curés en 1588, qu'à cette époque la châtellenie de Jargeau s'étendait sur les paroisses de Jargeau, Darvoy, Saint-Denis, Férolles, Saint-Patrice de Sandillon, Donnery. Nous relevons parmi les baillis, à l'époque où nous les trouvons mentionnés, les personnages suivants :

1528-1539. Johan Mallier, licencié en lois.

1554. Johan Jamet, licencié en lois.

1571. Claude de Gyvès, licencié en lois, avocat au présidial d'Orléans.

1584. Charles Picoté, avocat au présidial d'Orléans.

1597. Jacob Dumondé. Ce dernier était marié à Jeanne Gaucher. La famille Gaucher jouissait d'une grande considération. [(1593. Johan Gaucher, chevaucheur d'écurie du Roy). (15'6. Honorable homme Pierre Gaucher, marchand, commis au gouvernement de la Fabrique). (1556-57. Jacques Gaucher, substitut au d. lieu du Procureur du Roy au bailliage d'Orléans). (1565. Alexis Gaucher, substitut au d. Jargueau du Procureur du Roy). (1587. Pierre Gaucher, lieutenant du bailly d'Orléans à son siège sur le pont de Jargueau et greffier du bailliage du d. Jargueau). (1590. Johan Gaucher, commis du recepveur des deniers communs et patrimoniaux d'icelle ville)].

APPENDICE

PARTICULARITÉS SUR L'ÉGLISE DE JARGEAU.

—————

Jargeau possédait une horloge au xvi° siècle. Cette horloge existait même dès le xv° siècle.

« Item le xxiii° jour de novembre fut marchandé à Thibault-Courtin demourant à Chasteauviex pour raplier la Reloige dont il doit avoir neuf francs dont la fabrique en ha payé LIII° et le résidu l'église et la ville l'ont payé... » comptes de la Fabrique, 1418. a. d. l.)... «... Item à Messire Johan Danau (ou Dévau) qui estoit venu visiter les cloches et auloige par le commandement de Messieurs Baillé III° ». (Comptes de la Fabrique, 1443.

Les Protestants brisèrent tout ou partie des cloches et les transformèrent en engins de guerre. Il fallut en fondre de nouvelles. L'une, du nom de Nicolas, fut fondue en 1572 et dura jusqu'en 1835 (document communiqué par M. Dumuy). Trois autres sont dénommées dans le règlement de la sonnerie du 7 juillet 1587.

On lit, dans le Compte de Fabrique (1425-1426), l'un des seuls que je me souviens avoir trait aux vitraux : « Item à Michau Daveneau verrinier sur la besoigne qui l'a faite en l'église ès dictes verrines c'est assavoir que le d. Michau en ha mué es hautes formes vxvi penceaux et un neuf dont il doit avoir de chacun penceau d'an hault vi° et des neuf viii° et es basses formes il en ha mué sept vins ix penceaux dont il doit avoir de chascun penceau iiii°. Pour cette besoigne baillé au d. Michau xliii iiii° », et dans le compte de 1491 : « Item baillé à Florent le Verrinier demourant à Orléans pour avoir mis à poinct les verrines du cueur et de la nef de la d. église pour ce payé cinq livres quatre sols parisis ». Il se peut, il est même très probable que avant les troubles l'ancienne église de Jargeau ait eu des verrières peintes. Toutefois il me semble que M. de Monvel est trop affirmatif sur ce point. En me reportant à l'histoire manuscrite du P. Chesneau, je lis que le chanoine Chevé, par le nouveau vitrail dont il fit don après les troubles, voulut faire revivre l'ancien titre de l'Église qui, suivant la tradition, avait été vouée à Sainte-Hélène, et non pas qu'il établit une verrière ayant représenté la bannière de cette sainte.

Vers 1537, fut fait un contre-autel Saint-Vrain (Compte de la Fabrique). Il s'agit probablement ici d'un autel placé derrière le grand autel et où étaient exposées les reliques du saint. Quant au chœur, il était fermé d'une grande porte et avait, en outre, quatre petites portes. « Item à Regnault Poinclet ? pour avoir faict la porte du cueur et les quatre petitz huis du cueur » (Comptes de la Fabrique 1595-1596).

La veille de Pâques, on avait coutume de tendre l'église pour cette solennité : « pour la despence de ceulx qui ont aydé à tendre la tapisserie ciel et linge en la d. église au-devant de la nef comme on y a coustume la vigille du d. jour de Pasques... » Peut-être était-ce là un usage transitoire, motivé par les travaux de l'église (1575).

Notes concernant les dévastations des Huguenots et tirées des comptes de la Fabrique (1575) et nouveaux travaux.

« Payé à Gouvyn Ferré pour avoir souldé et repparé la boiste des fonds que les gens de guerre huguenots avaient boisselló et gasteé pendant les troubles.

A Jacques Lescot dit Jacquinot, fondeur demeurant à Orléans la somme de quatre livres tournois pour une croix et crucifix de cuyvre achetée par le d. Chesneau.

A Martin Guyot, masson, pour avoir taillé un grand tumbe faict le grant et maistre autel du cucur de la d. église et reffaict la muraille d'au-dessus et derrière iceluy par l'advis et délibération de Messieurs du Chapitre et d'aulcuns habitans du d. Jargueau en la d. année mil cinq cens soixante-trois a esté payé sept livres dix sols tournois viiiᴸ xᵗ.

A Anthoine Bombon Alain le Large et autres masssons a esté payé la somme de soixante solz tournois pour plusieurs journées qu'ils ont vacqué à serrer des pierres et pièces des ymaiges de la d. église que les gens de guerre avaient desmolles es d. troubles cy LXᵗ.

Pour avoir faict tirer d'un puys à eaue estant ou jardin de l'hostel-Dieu du d. Jargeau la quantité de quatre milliers trois cens soixante livres de plomb yssu de dessus la chappelle Nostre Dame que les Huguenotz et gens de guerre avaient descouverte et geté ou dict puys en la d. année mil cinq cens soixante deux Iceluy faict porter es greniers du d. hostel Dieu a le d. Chesneau palé la somme de soixante solz tournois... »

— (Compte de 1605-1606). — Pour une requête présentée à Monsieur le bailly d'Orléans à l'encontre des enffans et héritiers feu Monsieur Dufaur pour la restitution des tapisscryes de l'église...

Extrait de l'Edit du Roy sur la réduction de la ville d'Orléans 1594.
... disons, statuons et ordonnons ce qui en suit.

PREMIÈREMENT

I

Qu'en tout le Baillage et villes du ressort du siège présidial de la dicte ville, il ne se fera à l'advenir aucun autre exercice que de la religion catholique, apostolique et Romaine, qu'ès lieux et ainsi qu'il est porté par l'édit de pacification de soixante-dix-sept... Et ayans esgard aux ruines souffertes en leurs dits bénéfices durant les dicts troubles et désirant gratifier et favorablement traicter iceux ecclésiastiques, qui sont résidans et demeurans dans l'encloz de la dicte ville et faulz bourgs, ensemble ceux du chapitre de Jargeau etc.,... les avons quictez et deschargez, quictons et deschargeons de toutes les décimes dont sont chargez leurs dicts bénéfices depuis le commencement des dicts présents troubles jusque en octobre compris, le terme du dit octobre comprins.

X

Toutes personnes seront tenues de prendre leur sel de greniers du ressort, où ils sont demourans... Et en ce faisant cessera l'ouverture de la Chambre de Jargeau et ailleurs de l'eslection d'Orléans, esquelles on vend et distribue le sel, depuis ces dicts présents troubles, qui sont réduictz à l'ancienne forme.

XVII

Voulons que la garnison qui est à présent en la ville de Jargeau, soit réglée sur l'advis du dict sieur de la Chastre au moindre que faire se pourra pour la garde de la dicte place, sans toutes fois que l'évesque puisse estre empesché en la jouissance de ses droits. Et pour le regard des gens de guerre qui sont à Santimaisons, ils sortiront et sera la place rendue au propriétaire et les fortifications ostées et desmolies, etc.

Extrait des archives municipales d'Orléans CC. 513.

Assemblée des habitants d'Orléans, du 4 mai 1590. «... fait entendre les plaintes qu'ils ont reçues d'aulcuns particuliers habitants de la dicte ville sur incendye advenue de plusieurs lieux et maisons par les soldatz de la garnison de Jargueau nonobstant les lectres que les dietz maire et eschevins leur auroient escriptes et envoyées par ung tambour exprès au temps qu'ilz mirent le feu d'aval prieuré du Pont aux Moynes et maisons estans près d'icelluy et encores que par les dictes lettres l'on les menassat ou cas qu'ils y continuassent que l'on ferait le semblable cela ne les a nullement intimidez ny faict despartir de ceste méchante vollonté mais au contraire, du desdaing et mespris d'icelle ont continué à mectre le feu eu plusieurs endroietz lieux et maisons... »

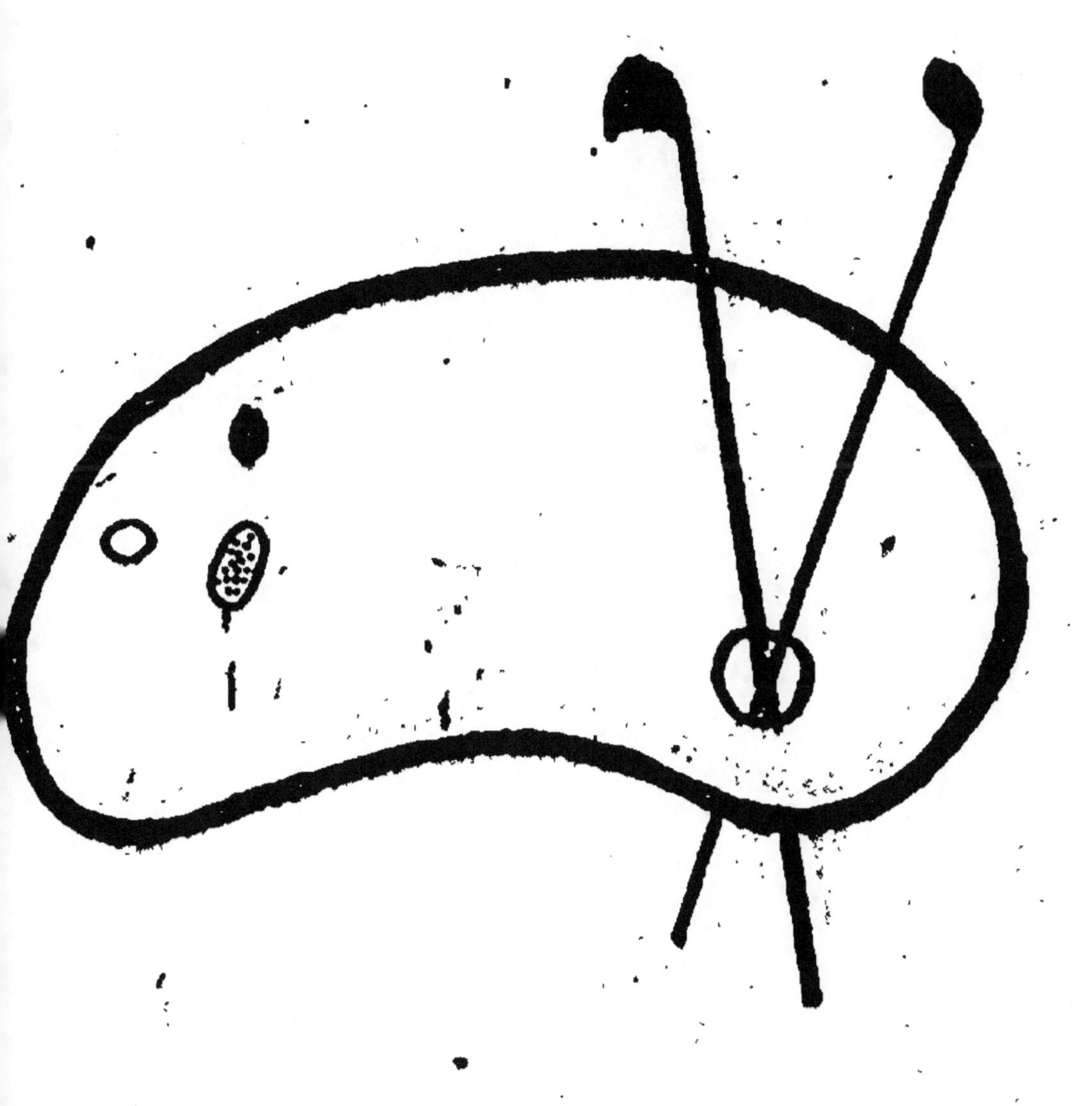